K. Westhoff

Arbeitsheft

zur dritten, neubearbeiteten Auflage

P. G. Zimbardo · F. L. Ruch

Lehrbuch der

Psychologie

Springer-Verlag
Berlin Heidelberg New York 1980

Dr. Karl Westhoff

Institut für Psychologie der Rheinisch-Westfälischen Technischen Hochschule Aachen, Krämerstr. 20–34, 5100 Aachen

CIP-Kurztitelaufnahme der Deutschen Bibliothek. Zimbardo, Philip G.: Lehrbuch der Psychologie: e. Einf. für Studenten d. Psychologie, Medizin u. Pädagogik / P.G. Zimbardo. Unter beratender Mitarb. von F.L. Ruch. Bearb. u. hrsg. von W.F. Angermeier. [Übers.: Erwin Hachmann...]. – 3., neubearb. Aufl. – Berlin, Heidelberg, New York: Springer. Einheitssacht.: Psychology and life <dt.>. 1. u. 2. Aufl. u.d.T.: Ruch, Floyd L.: Lehrbuch der Psychologie. NE: Angermeier, Wilhelm F. [Bearb.]
Arbeitsh. zur 3., neubearb. Aufl. / K. Westhoff. – 1980.
ISBN 978-3-540-09884-3 ISBN 978-3-662-00841-6 (eBook)
DOI 10.1007/978-3-662-00841-6
NE: Westhoff, Karl (Bearb.)

2125/3140-543210

Vorwort

Will man ein Lehrbuch nicht einfach lesen, sondern dessen Inhalt derart verarbeiten, daß man ihn in Zukunft nutzen kann, so stellen sich die Fragen: *Was ist das Wesentliche? Wie kann ich es besser behalten?* - Hierbei hilft das vorliegende Arbeitsheft. Durch Fragen und Aufforderungen wird der Text so akzentuiert, daß sich besonders wesentliche Stellen vom Hintergrund abheben. Damit wird die Wiederholung erleichert und die eigenständige Verarbeitung gefördert. Bei der Bewältigung von typischen Anfängerschwierigkeiten helfen die begleitenden praktischen Lerntips.

Insgesamt soll das Arbeitsheft dazu dienen, Ihre Freude an der Lektüre des *Lehrbuches der Psychologie* von Zimbardo & Ruch zu erhöhen, Ihren Lernerfolg zu steigern und Ihnen ein Beispiel für den Umgang mit Lehrbüchern generell zu geben.

Aachen, Januar 1980 K. Westhoff

Inhaltsverzeichnis

Einleitung

Was will ich eigentlich?

Dies ist wohl die entscheidende Frage, bevor wir mit etwas beginnen, also auch vor dem Lesen des Lehrbuches der Psychologie von Zimbardo & Ruch. Wollen Sie nur einmal hineinschauen in ein interessant aussehendes Buch oder wollen Sie etwas systematisiert einen ersten Einstieg in die Psychologie finden? Nur im zweiten Fall brauchen Sie hier weiterzulesen, denn alles, was jetzt folgt, soll Ihnen behilflich sein, leichter und mit Gewinn in die Psychologie einzusteigen.

Wozu lerne ich?

Wie fast alle Leser dieses Buches lesen Sie es zunächst und hauptsächlich, weil Sie an der Psychologie ganz allgemein interessiert sind. Dazu können Sie sich beglückwünschen, denn das ist die beste Motivation überhaupt. So macht es am meisten Spaß. Alles folgende soll dazu dienen, Ihnen das persönliche Interesse an der Psychologie zu erhalten und auf Teilgebiete auszudehnen, die Sie vorher noch gar nicht kannten.
Viele von Ihnen werden nach der Lektüre dieses Buches gefragt werden, was Sie denn nun gelernt haben. Es können Freunde, Verwandte, Bekannte und auch Prüfer sein, die uns aus den verschiedensten Gründen eine solche oder ähnliche Frage stellen werden. Dann werden Sie wiederum die Erfahrung machen, daß Sie das meiste des Gelesenen wieder vergessen haben, leider oft auch solche Dinge, von denen Sie sicher waren, daß Sie sie behalten würden. Dies ist ausgesprochen ärgerlich, zum Glück jedoch nicht unabänderlich. Dieses Arbeitsheft soll dazu beitragen, das Vergessen durch ein besseres Verstehen und Verarbeiten des Lehrbuches Ihrerseits möglichst stark zu vermindern.

Wie lerne und behalte ich?

Hierzu hat wohl jeder eine ganze Reihe von Erfahrungen gesammelt, doch haben wir alle den Wunsch, leichter zu lernen und besser zu behalten. Beim Durchlesen von Kapitel 5 "Denken, Sprache und Gedächtnis" im Lehrbuch von Zimbardo & Ruch werden Sie eine Reihe von persönlichen Erlebnissen bestätigt finden. Im folgenden sollen Ihnen als praktische Quintessenz einige Tips vorweg gegeben werden:

Erhalten Sie sich die Freude am Lesen! Dazu gehört, daß Sie sich nicht zuviel zumuten. Teilen Sie sich jedes Kapitel in drei bis vier Teile ein, und lesen Sie pro Tag nur einen solchen Teil! Sie werden es auf diese Art immer wieder bedauern, das Buch schon wieder aus der Hand legen zu müssen und sich auf die nächste Arbeitseinheit freuen. Wenn Sie hingegen immer weiter lesen, bis Sie keine Lust mehr haben, müde sind oder Ihnen eine "zufällige" Ablenkung willkommenen Anlaß gibt, mit der Lektüre aufzuhören, so werden Sie feststellen, daß Sie sich am nächsten Tag nicht auf das Buch freuen. Je nach dem Grad der Überforderung dauert es dann einen oder mehrere Tage, bis Sie wieder Lust haben weiterzulesen. Zum Durcharbeiten eines Lehrbuchs gehört ein *Fachwörterbuch* und - nicht nur bei Anfängern - ein *Fremdwörterbuch*. Das sagt Ihnen zwar sonst niemand, jedoch verwendet jeder erfolgreiche Leser solche Hilfsmittel zur Erleichterung.

Unterstützen Sie das Lesen durch Schreiben! Gehen Sie dabei von den Fragen aus, die in diesem Arbeitsheft zu jedem Kapitel zusammengestellt sind. Beantworten Sie diese und auch eigene Fragen schriftlich. Sie werden feststellen, daß vieles, was beim Lesen so klar war, beim Beantworten einer Frage schwerer zu reproduzieren und angemessen zu verarbeiten ist, als Sie sich das hätten träumen lassen. Dies ist jedoch ganz normal und liegt keineswegs an Ihren beschränkten Fähigkeiten. Es ist auch besser, Sie merken direkt nach dem Lesen, was nicht klar ist, und nicht erst dann, wenn Sie den Stoff jemandem erklären wollen.
Intensivieren Sie das Lernen durch Gruppendiskussionen! Wenn es sich machen läßt, sollten Sie den alleine gelesenen und durchgearbeiteten Stoff in einer Gruppe von drei bis fünf Leuten besprechen. Sie werden erstaunt sein, wie unterschiedlich man "eindeutige" Aussagen auffassen kann und wie verschieden die Antworten auf die Fragen zum Text ausfallen. Durch diese Erfahrungen lernen Sie, Lehrtexte aus verschiedenen Perspektiven zu sehen und anzugehen.

Wozu sollen die Fragen und Aufforderungen dienen?

Als Anfänger hat man mit einem Lehrbuch meist Schwierigkeiten, Wichtiges von Unwichtigem zu trennen. Vieles im Umgang mit einem Text wird leichter, wenn klar ist, welchen Anforderungen man nach der Bearbeitung genügen soll. Die verschiedenen Typen von Fragen und Aufforderungen sollen Ihnen helfen, den Text zu strukturieren und nach Ihren Bedürfnissen zu bearbeiten.
Zum Einstieg in eine Wissenschaft gehört notwendigerweise auch das Lernen von Definitionen, Methoden, Annahmen und Theorien. Nach solchen zentralen Aussagen kann man direkt oder indirekt fragen. Dies ist Ihnen sicher vom Unterschied zwischen Rechenaufgaben und Textaufgaben noch bekannt. Eine Mischung aus beiden Typen von Aufforderungen und Fragen soll Sie dazu anregen, selbst auch indirekte Fragen zu entwerfen und dann zu beantworten, bzw. von anderen beantworten zu lassen.
In einer empirischen Wissenschaft wie der Psychologie sind jedoch nicht nur Begriffe, Annahmen und Theorien von Bedeu-

tung, sondern immer auch deren Bezug zur Realität, d.h. in der Psychologie wird gefragt: Was bedeutet dies konkret für menschliches Verhalten? Erfahrungswissenschaften lernt man erst dadurch näher kennen, daß man sowohl die Prinzipien wissenschaftlichen Arbeitens als auch das konkrete Vorgehen bei der Untersuchung einer Hypothese versteht. Daher liegen empirische Forschungsergebnisse nicht einfach vor; sie sind nur dann angemessen weiterzuverwerten, wenn man ihren theoretischen Hintergrund und die Methode kennt, mit deren Hilfe sie gewonnen wurden.
Ein weiterer Schritt zur Verarbeitung des Stoffes ist die Herstellung von Beziehungen zu unserem Alltag. Hierzu werden Sie im Lehrbuch von Zimbardo & Ruch viele hochinteressante Beispiele finden. Lassen Sie sich anregen, an allen Stellen den Bezug zu sich selbst, der Welt, in der Sie leben, und dem Lehrbuchwissen herzustellen. Sie können sicher sein, es geht immer!
Ein anderer Zugang zur Verbesserung des eigenen Verständnisses ist der ernsthafte Versuch, das Gelernte einem anderen, der das Buch nicht gelesen hat, zu erklären. Hierbei werden Sie feststellen, wieviel für Sie schon selbstverständliches Wissen und wieviel Ihnen noch nicht klar ist. Lassen Sie sich solche wertvollen Möglichkeiten, Erfahrungen zu sammeln, nicht entgehen. Sie selbst lernen am meisten dabei.
In Diskussionen können Sie wesentliche Erfahrungen machen: Man kann die gleichen Sachverhalte aus verschiedenen Perspektiven sehen, ohne entscheiden zu können, welche die richtige ist. Versuchen Sie also schon beim Lesen in eine "innere" Diskussion darüber zu kommen, wie man bestimmte Dinge auch noch sehen und erklären könnte. Dabei werden Sie die Gemeinsamkeiten und Unterschiede zwischen verschiedenen theoretischen Ausrichtungen und Forschungstraditionen erkennen, besser verstehen, behalten und darstellen können.
Je weiter Sie im Text kommen, um so deutlicher wird Ihnen, daß hier Informationen nicht einfach hintereinander aufgereiht sind, sondern untereinander in vielfältigen Beziehungen stehen. Gleichermaßen sollten Sie auch Ihre Gedächtnisinhalte organisieren, d.h. wie ein Netz oder eine Hierarchie. Indem Sie viele Querverbindungen zu anderen verwandten Gedächtnisinhalten herstellen, behalten Sie besser. Ferner kann man Gelerntes besser behalten, wenn man es zu neuen Einheiten zusammenfaßt, tut man dies nach übergeordneten Gesichtspunkten, handelt es sich um einen Abstraktionsvorgang.
Zu diesen verschiedenen obengenannten Vorgehensweisen sollen Sie die Aufforderungen und Fragen immer wieder anhalten. Wenn Sie die hier gegebenen Lerntips befolgen, so können Sie sicher sein, nicht bloß einfach mehr zu behalten, sondern auch ein besseres Verständnis für psychologische Fragestellungen zu entwickeln.

Wie verwende ich das Arbeitsheft richtig?

Den Fragen und Aufforderungen zu dem Lehrbuch der Psychologie sind zu jedem Kapitel einleitende Bemerkungen vorangestellt. Diese sollten Sie lesen, bevor Sie sich dem entsprechenden Kapitel zuwenden. Wenn Sie eine bestimmte von Ihnen selbst festgelegte Arbeitseinheit durchgearbeitet haben, sollten Sie

zur Verarbeitung die dazugehörenden Fragen und Aufforderungen verwenden. Versuchen Sie immer zuerst selbständig das Ihnen wesentlich Erscheinende festzuhalten, denn ein solches Arbeitsheft kann nicht alle möglichen sinnvollen Fragen enthalten. Wenn Sie sich nur auf die Bearbeitung der im Arbeitsheft gemachten Anregungen beschränken und sich nicht selbständig bemühen, so werden Sie mit geringerem Lernfortschritt belohnt, als wenn Sie der obigen Empfehlung folgen.
Sie können mit Hilfe des Arbeitsheftes sich selbst kontrollieren und im systematischen Arbeiten trainieren.
Für das Behalten von verbalem Material ist die Wiederholung eine sehr wichtige Technik. Mit ein- oder zweimaligem Lesen werden Sie nicht viel behalten. Hierzu können Sie wiederum die Fragen und Aufforderungen im Arbeitsheft gut gebrauchen. Sie werden erstaunt sein, wieviele davon Sie nach 14 Tagen schon nicht mehr bearbeiten können, weil Sie sich an wesentliche Informationen nicht mehr erinnern. Um Ihnen hierbei zu helfen, sind die Überschriften aus dem Lehrbuch in das Arbeitsheft übernommen worden. Dadurch können Sie leicht den relevanten Textteil wiederholen. Bei Fragen, deren Antworten ganz oder teilweise auf bestimmten Seiten zu finden sind, ist hinter der Frage die entsprechende Seitenzahl angegeben. Bei Fragen und Aufforderungen ohne Seitenzahl sollten Sie den ganzen entsprechenden Abschnitt des Kapitels wiederholen.

Bei der genaueren Betrachtung des Arbeitsheftes wird Ihnen auffallen, daß zu manchen Abschnitten eines Kapitels keine Fragen oder Aufforderungen zu finden sind. Bei diesen Teilen des Lehrbuchs sollte man sich nach Ansicht des Verfassers dieses Arbeitsheftes nur einen Eindruck bilden. Ihre Inhalte sind jedoch z.B. für Prüfungen ungeeignet, da das Dargestellte zu wenig konkret ist oder die komplexen Zusammenhänge in einem Einführungsbuch nicht ausführlich genug dargestellt werden können.
Doch nun genug der Vorrede: Viel Spaß bei der Lektüre des Lehrbuchs der Psychologie von Zimbardo & Ruch!

Teil I. Die wissenschaftlichen und menschlichen Grundlagen der Psychologie

Einleitung

1. Psychologie ist die Wissenschaft vom Verhalten. Erläutern Sie in eigenen Worten, was man dabei unter Verhalten versteht. (3)

1. Die Psychologie als wissenschaftliches System

Aus dem Alltag sind wir gewohnt, unserem sogenannten gesunden Menschenverstand zu vertrauen. Leider ist aber das, was wir hierunter verstehen, bei näherem Hinsehen ziemlich unbrauchbar, um unser eigenes und das Verhalten unserer Mitmenschen zu verstehen oder zu erklären. Dieser sogenannte gesunde Menschenverstand verleitet uns auch viel zu oft dazu, Nachrichten unhinterfragt zu glauben. Zunächst muß man diese "naive" Sicht der Welt in Frage zu stellen lernen, wenn man wissenschaftlich arbeiten will. Wissenschaftliches Arbeiten verlangt in der Regel, die Dinge etwas anders zu sehen, als sie gemeinhin betrachtet werden, weil man mit Hilfe der Wissenschaften konkrete Probleme lösen will, für die sich die alltäglichen Bewältigungsstrategien als untauglich erwiesen haben.

Deshalb ist eine Wissenschaft so lange nicht zugänglich, als man nicht weiß, wie dort gearbeitet wird, d.h., welche wissenschaftliche Methode angewendet und welche allgemeinen Ziele angestrebt werden. So leicht und einfach der Einstieg in dieses Lehrbuch auch sein mag, so entscheidend ist doch für das weitere Verständnis der Inhalt dieses ersten Kapitels.

Denken Sie bitte an die Empfehlung, nicht zuviel auf einmal zu lesen. Dies ist besonders am Anfang wichtig. Teilen Sie den Stoff in eine Arbeitseinheit mehr ein, als Sie es nach dem ersten Durchblättern vorhaben!

2. Stellen Sie das Anliegen der Autoren in diesem Kapitel in einem Satz dar. (5)*

3. Woher haben wir im Alltag unsere Informationen über menschliches Verhalten? (5)

---

*Die Antwort finden Sie ganz oder teilweise auf der angegebenen Seite im "Lehrbuch der Psychologie", 3. Auflage

Die Wahrheit kann unter verschiedenen Warenzeichen angeboten werden

4. Finden Sie eigene Beispiele für verzerrte Informationen in der Werbung.

Die Brünetten können einem leid tun

5. Geben Sie ein eigenes Beispiel für eine sich selbst erfüllende Prophezeiung.

Rauchen und Zensuren

6. Mit der Rückkehr der Störche im Frühling nimmt auch die Anzahl der Geburten zu. Bringen die Störche vielleicht doch zumindest einen Teil der Kinder?

Der 8. Sinn

7. Erklären Sie hier, warum man wissen muß, wieviele Leute untersucht wurden und wieviele sich bei ihren Todesahnungen geirrt haben. (7)

Sex kann einen verrückt machen

8. Warum kann man bei der dargestellten Untersuchung nur feststellen, daß die Patientinnen berichten, sich sexuell mehr zu betätigen, als dies die Nichtpatientinnen tun? (7-8)

Darf man Statistikern glauben?

9. Nach welchem Kriterium würden Sie sich wann für eine der beiden Abbildungen entscheiden?

Jetzt müßte man schwarz sein, wo die Polizei die Weißen verprügelt

10. Erläutern Sie anhand eines eigenen Beispiels, daß die Beobachtung menschlichen Verhaltens dieses ändern kann.

Baby, draußen ist es kalt und dunkel

11. Wann könnte man erst von einem gesicherten Zusammenhang zwischen Stromausfall und Zunahme der Geburten neun Monate danach sprechen? (10)

Klopfe einem gewalttätigen Gefangenen nicht auf die Schulter

12. Finden Sie in Ihrem Erfahrungsbereich ein Beispiel dafür, daß ein Kovariieren zweier Merkmale fälschlich so interpretiert wird, das eine sei die Ursache des anderen.

Wird unsere Welt von Ordnung und Gesetzmäßigkeit oder von Chaos und Ungewißheit regiert?

13. Erklären Sie ganz allgemein, was man als "wissenschaftliche Methode" bezeichnet. (12)

14. Von welcher Grundannahme geht jeder Wissenschaftler aus? (12)

15. Stellen Sie in Ihren eigenen Worten dar, wann man einen bestimmten Faktor als Ursache eines bestimmten Ereignisses ansehen kann. (12-13).

16. Warum müssen wissenschaftliche Aussagen immer so sein, daß sie von anderen Wissenschaftlern überprüft werden können? (13)

Techniken der wissenschaftlichen Fragestellung

17. Was meinen die Autoren mit "Einengung des Blickwinkels" beim wissenschaftlichen Arbeiten? (14)

18. Was konnte der kluge Hans - wirklich? (15)

19. a) Erklären Sie mit Ihren eigenen Worten, was eine operationale Definition ist.
b) Veranschaulichen Sie Ihre Erklärung an einem Beispiel aus dem Bereich menschlichen Verhaltens.

20. Wann kann man etwas messen? (17)

21. a) Welche Rolle spielen Ihrer Ansicht nach Hypothesen im Forschungsprozeß? (17)
b) Begründen Sie Ihre Ansicht.

Der wissenschaftliche Beweis liegt im Experiment

22. Definieren Sie die Begriffe "unabhängige Variable" und "abhängige Variable". (18)

23. Wozu dient die experimentelle Kontrolle? (19)

24. Überlegen Sie sich zu dem typischen experimentellen Design (Unter der Lupe: Seite 20) die verschiedenen experimentellen Kontrollen.

25. Wann spricht man in der Psychologie von einem "signifikanten" Ergebnis? (23)

26. Denken Sie sich ein eigenes psychologisches Experiment aus:
a) Was besagt Ihre experimentelle Hypothese?
b) Was besagt Ihre Null-Hypothese?
c) Wie definieren Sie Ihre unabhängige Variable operational?
d) Wie ist Ihre abhängige Variable operational definiert?
e) Wodurch versuchen Sie zufällige und systematische Fehler möglichst klein zu machen?
f) Unter welchen Voraussetzungen könnten Sie von einem signifikanten Unterschied zwischen Experimental- und Kontrollgruppe sprechen?

27. a) Wie bestimmt man das arithmetische Mittel, den Median und den Modus?
b) Zeigen Sie das an einer eigenen Zahlenreihe.

28. a) Wozu verwendet man Streuungsmaße? (23)
b) Wie sind Streuungsbreite und Standardabweichung definiert? (23)
c) Bestimmen Sie beide Streuungsmaße für Ihre Zahlenreihe von Frage 27.

29. Was besagt eine Korrelation von r = 0,35 zwischen Intelligenzquotienten und Schulnoten?

Psychologie: Die Wissenschaft vom Verhalten

30. Erklären Sie nun etwas ausführlicher als bei Frage 1 in Ihren eigenen Worten, wie man Psychologie definieren kann. Erläutern Sie dabei, was unter Verhalten zu verstehen ist. (24-25)

Die Psychologie und andere Wissenschaften

31. Wieso sind Biologie, Physiologie, Neurologie, Embryologie, Genetik, Anthropologie und Soziologie für die Psychologie wichtig? (Gehen Sie hierbei von den Definitionen auf S. 24 aus. Stellen Sie sich diese Frage im Laufe der Bearbeitung des Lehrbuches immer wieder).

Was Psychologen tun

32. Geben Sie konkrete Beispiele über Arbeitsgebiete von Psychologen. (25-26)

Ziele der Psychologie

33. Nennen Sie die Ziele der Psychologie. (26)

Beschreibung

34. Finden Sie ein eigenes Beispiel aus dem Bereich menschlichen Verhaltens, woran Sie den Unterschied zwischen Beschreibung und Schlußfolgerung erklären.

Erklärung

35. Woran erkennt man den Wert einer Theorie? (27)

36. Erläutern Sie an eigenen Beispielen aus dem Bereich menschlichen Verhaltens die qualitative und quantitative Klassifikation.

Voraussage

37. Formulieren Sie eine eigene psychologische Hypothese, die Ihrer Ansicht nach Verhalten in bestimmten Situationen voraussagen sagen.

Kontrolle

38. Was meinen die Autoren mit Kontrolle des Verhaltens? (29)

Soziale Implikationen psychologischer Forschung

39. Stellen Sie anhand der "kompensatorischen Erziehung" soziale Implikationen psychologischer Forschung dar. (30-33)

40. Geben Sie ein eigenes Beispiel für die soziale Bedeutung psychologischer Forschungen.

2. Die physiologischen Grundlagen des Verhaltens

Im ersten Kapitel haben Sie schon eine Menge gelernt. Haben Sie die Fragen und Antworten schon mit Ihrer Arbeitsgruppe durchdiskutiert? Oder haben Sie einmal versucht, einem Laien zu erklären, wie ein psychologisches Experiment aufgebaut ist?
Dieses zweite Kapitel ist ein anstrengender Brocken, besonders für diejenigen, die keine Kenntnisse in Biologie besitzen. Jedoch lassen Sie sich nicht bange machen. Sie werden das schaffen, wenn Sie sich nicht zuviel auf einmal zumuten. Hier gibt es viel zu lernen und zu behalten. Deshalb wäre es sinnvoll, wenn Sie den Stoff z.B. in vier Arbeitseinheiten aufteilen. Nach dem Erarbeiten einer Einheit sollten Sie eine längere Pause machen, in der Sie nichts Neues lernen, danach wiederholen Sie die Arbeitseinheit - dann machen Sie wieder eine Pause bzw. arbeiten erst am nächsten Tag im Text weiter.
Wenn Sie der Ansicht sind, hier gäbe es zuviel über die physiologischen Grundlagen des Verhaltens zu lernen, dann befinden Sie sich in zahlreicher Gesellschaft; das meint nämlich fast jeder Anfänger. Aber schon im nächsten Kapitel und in jedem folgenden werden Sie feststellen, wie dringend erforderlich diese Grundlagen sind; ohne sie kann man einfach keine psychologische Fragestellung nachvollziehen oder gar selbst entwickeln.

1. Nennen Sie zwei Gründe dafür, daß der erste Durchbruch bei der Erforschung der Wahrnehmung erst im 17. Jahrhundert stattfand. (36)

2. Durch welche Art der Betrachtung des menschlichen Körpers wurde seine wissenschaftliche Untersuchung möglich? (36)

Wie kann ich mich verständlich machen

3. Durch welchen Vorgang wird es dem Individuum möglich, seine Umwelt wahrzunehmen? (37)

Eine Nervenzelle wird geboren

4. Worauf sind Neurone spezialisiert? (37)

5. Stellen Sie mit Ihren eigenen Worten die Entwicklung einer Nervenzelle dar und gehen Sie dabei ein auf Differenzierung, Wanderung, Verzweigung und Wachstum. (38)

Der große Plan: Das Nervensystem

6. Warum beschäftigt man sich in der Psychologie mit dem Nervensystem? (39)

7. a) Was gehört zum zentralen Nervensystem (ZNS)? (40)
b) Woraus besteht das periphere Nervensystem? (40)
c) Welche Aufgaben haben diese Systeme? (40)

8. Wie sieht das Muster aus, nach dem das Nervensystem auf einen Reiz reagiert? (40-41)

9. Wie sieht ein Reflexbogen aus? (41)

Von einer Instanz zur anderen

10. Welche Eigenschaften muß ein gut funktionierendes Kommunikationssystem haben? (42)

11. Welche Teile eines Neurons sind für die Informationsübertragung besonders wichtig? (42)

12. Welche beiden Grundarten der Informationsübertragung kennen wir im Nervensystem? (42)

13. Wie funktioniert die axonale Übertragung? (42-43)

14. Was versteht man unter "absoluter" und "relativer Refraktärphase"? (43)

15. Welche Bedeutung haben die Reizschwelle und die Tatsache, daß das Neuron nach dem Alles-oder-Nichts-Prinzip feuert, für die Informationsübertragung im Nervensystem? (43-44)

16. Worin unterscheidet sich die synaptische von der axonalen Übertragung? (44)

17. Wie werden in einer Nervenzelle die ankommenden Impulse integriert und weitergeleitet? (44-45)

18. Wie kommt es, daß ein Impuls eine Synapse nur in einer Richtung überqueren kann? (46)

Wie wird die Information verarbeitet?

Das Input-Output-Netz: Das periphere Nervensystem

19. Warum ist der viscerale Teil des peripheren Nervensystems, das autonome Nervensystem, für die Erklärung menschlichen Verhaltens wichtig? (48)

20. In welchen alltäglichen Situationen wird das sympathische System des ANS besonders aktiv? (48)

21. Wie reagiert der parasympathische Teil des ANS? (48)

22. Wie wirken der sympathische und parasympathische Teil des ANS zusammen? (49)

Die Verbindung: Das Zentralnervensystem (ZNS)

23. Finden Sie Beispiele aus dem Alltag für Divergenz und Konvergenz im Nervensystem.

24. Wozu kann es nützlich sein, wenn ein zeitlich begrenzter Reiz eine Reaktion auslöst, die lange nach dem Abklingen des Reizes anhält?

25. Beschreiben Sie die Vorgänge bei einem Haltungsreflex. (51)

26. Was versteht man unter reziproker Innervation? (51)

27. Welche Eigenschaften eines Reizes bestimmen die Bevorzugung vor einem anderen Reiz? (51)

Wie nehmen wir Informationen auf?

Transduktion und Psychophysik

28. Wie kann ein Organismus folgende Aspekte an einem Reiz erkennen (52):
a) die allgemeine Art der Energie, wie z.B. Licht, Temperatur oder Druck
b) den Ort der Reize im Raum
c) ihre Intensität in zeitlicher Verteilung

29. Wie ist a) eine absolute Reizschwelle und b) der eben merkliche Unterschied definiert? (53)

30. Formulieren Sie in Ihren Worten das Webersche Gesetz. (53)

Verschiedene Arten sensorischer Information

31. Nennen Sie die Körpersinne und die chemischen Sinne (53-54)

Das Sehen

32. Wozu dienen Zapfen und Stäbchen? (54)

33. Wieso ist der blinde Fleck lichtunempfindlich? (55)

34. Wie kommt es, daß wir ein komplettes Bild sehen, wenn doch in jedem Auge ein blinder Fleck ist?

35. "Nachts sind alle Katzen grau". Erklären Sie diesen Spruch.

36. Wie können Sie jemandem demonstrieren, daß die Dunkeladaptation auf der Netzhaut stattfindet? (57)

Das Hören

37. Wie ist das Ohr aufgebaut? (60-61)

38. Wie weit reicht der Bereich menschlichen Hörens? (61)

39. Wie kann man sich die Umsetzung der Frequenz eines Tones im Ohr vorstellen? (60-62)

40. Wie wird die Lautstärke eines Tones im Ohr kodiert? (62)

Das Gehirn

Die Wege zum Gehirn

41. Mit Hilfe welcher grundlegender Methoden kann man die Informationsverarbeitung im Gehirn untersuchen? (63)

Lokalisierung der Funktion

42. Was besagt die Lehre von der Funktionslokalisierung? (63)

43. Erklären Sie die Kompensationsfähigkeit des ZNS. (63)

44. Beschreiben Sie die Lokalisation folgender Gehirnteile: Cortex, Großhirn, Kleinhirn, Hirnstamm. (64)

45. Wie kann man das Großhirn räumlich unterteilen? (64)

46. Wo sind die primären sensorischen und motorischen Zentren in der Großhirnrinde lokalisiert? (65-66)

47. Welche Folgen können Schädigungen der Assoziationsfelder haben? (67)

48. Worin bestehen die Hauptaufgaben des Cortex? (69)

49. Welche Bedeutung kommt dem Hypothalamus für menschliches Verhalten zu? (69-70)

50. Warum wird die Formatio reticularis auch reticuläres Aktivierungssystem genannt? (70)

51. Bei welchen Verhaltensweisen sind Strukturen des Rhinencephalon beteiligt? (70)

Die elektrische Aktivität des Gehirns

52. Was spiegeln die beim EEG registrierten Gehirnströme wider? (71)

Die endokrinen Drüsen

53. Durch welche Systeme hält der Körper ein konstantes inneres Gleichgewicht (Homöostase) aufrecht? (72)

54. Welche für das menschliche Verhalten wichtigen Funktionen erfüllen folgende Drüsen: a) Hypophyse, b) Schilddrüse, c) Nebennierendrüsen, d) Keimdrüsen? (72-73)

Gehirn und Verhalten

55. Inwiefern sind physiologische Vorgänge für die Erklärung von Verhalten wichtig? Belegen Sie Ihre Ansicht anhand empirischer Untersuchungen. (74-77)

3. Entwicklungsprozesse

Hat das zweite Kapitel viel Mühe gemacht? Sie werden sehen, daß es sich gelohnt hat, schon in diesem Kapitel. Denn die Entwicklung menschlichen Verhaltens ist sehr stark von der Reifung der entsprechenden Strukturen des Körpers abhängig. Zum Verständnis menschlichen Verhaltens ist es deshalb erforderlich, etwas über die Wirkung von Vererbung und Reifung in ihrer Wechselwirkung mit der Umwelt zu wissen.
In vielen populärwissenschaftlichen Veröffentlichungen findet sich mehr oder weniger explizit die Ansicht, man könne die Bedeutung der Faktoren Anlage und Umwelt isoliert voneinander betrachten. Dies ist für das Verständnis von tierischem und menschlichem Verhalten ein irreführender Weg, denn erst in einer normalen Umwelt können sich die zum Verhalten erforderlichen körperlichen Strukturen gesund entwickeln. Diesen Gesichtspunkt sollten Sie bei der Lektüre dieses Kapitels immer im Auge behalten.

Determinanten der Entwicklung

1. Definieren Sie die Begriffe "Vererbung" und "Umwelt". (80-81)

2. Nehmen Sie begründet Stellung zu der Aussage, Intelligenz sei zu 80% durch Vererbung festgelegt. (81)

Vererbung und Reifung

3. Was versteht man unter "Reifung"? (81)

4. Stellen Sie ein eigenes Beispiel für Reifung dar, das psychologische Bedeutung hat.

Umwelt und Lernen

5. Wodurch beeinflußt die Umwelt die Entwicklung des Verhaltens? (82)

Entwicklung und Wahrnehmung

6. Welche Schwierigkeit ergibt sich bei der Prüfung der Sensibilität im frühesten Lebensalter? (83)

Berührung, Temperatur und Schmerz

7. Wie entwickelt sich die Sensibilität für a) taktile Reize? b) Kälte und Wärme? c) Schmerzen? (83)

Geschmack und Geruch

8. Wie kann man herausfinden, ob der Geschmackssinn schon vor der Geburt ausgebildet ist? (84)

Hören

9. Stellen Sie sich vor, Sie haben Ihr Kind eine Woche nach der Entbindung zu Hause und wollen wissen, ob es hören kann. Was würden Sie tun?

Sehen

10. Kann man aus der Tatsache, daß Neugeborene ihre Augen noch nicht koordinieren können, schließen, daß sie noch nicht sehen können? (85)

11. Was zeigen die Versuche mit der "visuellen Klippe" a) bei Kindern? b) bei Tieren? (86-87)

Motorische Faktoren bei der Entwicklung der Wahrnehmung

12. Welche Bedeutung kommt der motorischen Aktivität bei der Entwicklung der Wahrnehmung zu? Belegen Sie Ihre Ansichten anhand empirischer Untersuchungen. (87-88)

Die Entwicklung adaptiven Verhaltens

Reflexe

13. Welche Bedeutung haben Lernvorgänge für das Ablaufen von Reflexen? Begründen Sie Ihre Ansicht. (88)

Instinkte

14. Welche Argumente führten in der Psychologie zur Abkehr vom Instinktkonzept? (89)

15. Wie wird heute in der Ethologie "Instinkt" definiert? (89)

16. Worin unterscheiden sich Instinkt und Reflex? (89-90)

17. Suchen Sie eigene Beispiele für instinktives Verhalten bei Tieren. Begründen Sie Ihre Wahlen.

18. Gibt es instinktives Verhalten beim Menschen? (90)

Erlerntes Verhalten

19. Was versteht man unter "Prägung"?

20. Kann man beim Menschen von Prägung sprechen?

21. Kann man soziales Lernen nur mit Imitationslernen erklären? Begründen Sie Ihre Ansicht. (95)

22. Erklären Sie anhand eines eigenen Beispiels, wie neue Verhaltensmuster aus Beobachtungslernen hervorgehen können. Gehen Sie dabei auf die hierfür notwendigen Voraussetzungen ein. (95)

Die Entwicklung der Sprache

23. Weinen alle Kinder gleich? (96)

24. Skizzieren Sie die kindliche Sprachentwicklung. (96-97)

Sprachaufnahme

25. Inwiefern ist die Entwicklung der Sprachaufnahme beim Menschen von Bedeutung?

Affensprache

26. Zu welchen Kommunikationsleistungen sind Schimpansen in der Lage? Stellen Sie Beispiele aus empirischen Untersuchungen dar. (99-101)

Kognitive Entwicklung

27. Welche Probleme sehen Sie bei Schlußfolgerungen auf die Bedeutung der Umwelt aus dem Verhalten von "Wolfskindern"? (101)

Das Evangelium nach Piaget

28. Welche Bedeutung kommt den Jahresangaben bei den Phasen der kognitiven Entwicklung nach Piaget zu? (102)

29. Machen Sie den "Limonaden-Versuch" einmal selbst mit einem Kind.

Die Entwicklung von Konzepten

30. Wie stellen Sie fest, ob ein Kind ein bestimmtes Konzept beherrscht?

Determinanten der kognitiven Entwicklung

31. Welche Argumente werden für die Behauptung, Intelligenz sei größtenteils angeboren, aufgeführt? Nehmen Sie kritisch dazu Stellung. (106-108)

32. Welche soziale und politische Bedeutung hat die Anlage-Umwelt-Kontroverse? (108)

33. Nehmen Sie Stellung zu den Ergebnissen von Zwillingsuntersuchungen. Welche Schlüsse ziehen Sie daraus in Bezug auf Förderungsmaßnahmen?

34. Kann man von einem Intelligenztestwert eines kleinen Kindes seine Intelligenz im Erwachsenenalter vorhersagen? Begründen Sie Ihre Ansicht. (112-113)

Die Entwicklung der Persönlichkeit

Der soziale Druck

35. Gibt es einen empirisch gesicherten Zusammenhang zwischen der Art der Sauberkeitserziehung und späterer Entwicklung von Persönlichkeitsmerkmalen? (116)

36. In welchen Bereichen des Verhaltens würden Sie Unterschiede zwischen Kindern ausländischer und deutscher Arbeitnehmer erwarten? Wie würden Sie Ihre Hypothesen untersuchen?

Der Einfluß Freuds

37. Worauf hat Freud durch seine Arbeiten nachdrücklich hingewiesen? (118)

Eriksons Persönlichkeitstheorie

38. Worin sehen Sie die Bedeutung von Eriksons Ansicht über die menschliche Entwicklung?

Teil II. Aus Erfahrung lernen

4. Lernen

Die Lernpsychologie ist eines der wichtigsten psychologischen Grundlagenfächer. Seit Jahrzehnten wird in diesem Bereich sehr erfolgreich geforscht, Ergebnisse von großer theoretischer und praktischer Bedeutung wurden erzielt. Hier werden Sie mit zentralen Forschungsergebnissen vertraut gemacht, die für ein angemessenes Verständnis menschlichen Verhaltens unbedingt erforderlich sind.
In allen anderen Kapiteln dieses Buches werden Sie wieder die Bezüge zur Lernpsychologie finden und auf die Informationen aus diesem Kapitel zurückgreifen. Lassen Sie sich deshalb Zeit mit dem Stoff. Auch wenn er sehr interessant ist, halten Sie sich an Ihre vorher vorgenommene Einteilung in Arbeitseinheiten.
Klassisches und operantes Konditionieren bilden den Schlüssel zur Erklärung des Erwerbs und der Veränderung von Verhaltensweisen, deshalb sollten Sie auch in der Gruppendiskussion nicht eher weitermachen, bis alle Unklarheiten beseitigt sind.

Was Organismen lernen müssen

1. Welche beiden Arten von Zusammenhängen zwischen Ereignissen müssen Organismen lernen? Warum? (127)

Welche Vorgänge in der Umwelt stehen miteinander in Beziehung?

2. Was lernten Pawlows Versuchshunde? (127)

Welche Handlungen und Konsequenzen stehen miteinander in Beziehung?

3. Geben Sie ein eigenes Beispiel dafür, daß Menschen aus den Folgen ihrer Handlungen lernen können.

Die Dusche ist zu heiß

4. Wieso ist das Verständnis von Lernprinzipien Voraussetzung für jegliche Analyse menschlichen Verhaltens? (128)

Die "Was-ist-los?"-Reaktion

Bereit für einen möglichen Notfall

5. Wie sieht eine Orientierungsreaktion aus? (129)

6. Worauf wird ein Organismus durch eine Orientierungsreaktion eingestellt? (129)

7. a) Welche Bedingungen rufen eine Orientierungsreaktion hervor? (129)
b) Finden Sie zu jeder Bedingung ein eigenes Beispiel aus Ihrem Leben.

Orientieren oder habituieren?

8. Welche Erfahrung steckt hinter dem "Schafe zählen" als Empfehlung bei Einschlafschwierigkeiten? (130) Worin ist aber der Mißerfolg dieser Empfehlung begründet?

9. a) Stellen Sie die Bedingungen zusammen für das Einschlafen am Lenkrad eines fahrenden Autos.
b) Wodurch läßt sich diese Gefahr verringern?

10. Gibt es Reize, auf die keine Habituation erfolgt? (130)

Entwöhnung (Dishabituation): Zurück zur Orientierungsreaktion

11. Was kann der Fall sein, wenn keine Dishabituation auf Habituation folgt, obwohl sich die Reizgrundlage geändert hat? (132)

12. Stellen Sie die Orientierungsreaktion und Habituation anhand von Sokolovs Gehirnmodell dar. (132-133)

Klassische Konditionierung - Pawlowsches Lernen

13. Stellen Sie den Prozeß der klassischen Konditionierung dar. Erklären Sie dabei die relevanten deutschen und englischen Begriffe. Veranschaulichen Sie Ihre Darstellung anhand eines eigenen Beispiels.

Die Anatomie des Pawlowschen Konditionierens

14. Welche Reihenfolge und welche zeitlichen Abstände zwischen CS und UCS sind bei der klassischen Konditionierung optimal? (134-135)

15. Was versteht man unter a) "Reizgeneralisation" und b) "Reaktionsgeneralisation"? (135)

16. Warum ist es sinnvoll, daß im Prozeß der klassischen Konditionierung Differenzierung über die Generalisation dominiert? (136)

17. Wodurch kann eine "Hemmung" konditionierter Reaktionen auftreten? (137)

18. Was versteht man unter einer Konditionierung höherer Ordnung? (137)

19. Wie kann man eine klassisch konditionierte Reaktion löschen (extinguieren)? (138-139)

20. Sieht man "Angst vor dem Zahnarzt" als klassisch konditionierte Reaktion an, so stellt sich die Frage, wie man sie löschen kann. Machen Sie hierzu einen Vorschlag unter Berücksichtigung der "spontanen Erholung" (Reflexrest).

21. Wie kann man die Stärke einer konditionierten Reaktion bestimmen? (139)

Ein wenig Lernen kann gefährlich sein

22. Erklären Sie an einem Beispiel, wieso es gefährlich sein kann, wenn die die beobachtbare CR begleitenden Reaktionen nicht mitgelöscht werden. (139, 142)

Der Wurm, der lernte und den Wissenschaftlern den Kopf verdrehte

23. Erklären Sie einem Laien anhand des Diagramms auf Seite 140 das dazugehörende Experiment (Hypothesen, Vorgehen, Ergebnisse). (140-141)

Der Einfluß Pawlows

24. Worin sehen Sie die Bedeutung der Arbeiten zum klassischen Konditionieren?

Das Lernen am Erfolg: Operantes Konditionieren

Operantes Verhalten

25. Wie ist die "zufällige Verhaltenshäufigkeit" definiert? (145)

26. Wie wird bestimmt, was eine "verstärkbare Reaktion" ist? (145) Geben Sie eigene Beispiele für verstärkbare Reaktionen.

Grundlagen des operanten Lernens

27. Was signalisiert ein "diskriminativer Reiz"? (147)

28. Erklären Sie an einem eigenen Beispiel: S^D - R - S^R.

29. Erklären Sie, was "primäre" und "sekundäre" bzw. "gelernte Verstärker" sind. (148)

30. Warum werden bei der Verhaltensmodifikation gelernte Verstärker primären Verstärkern oft vorgezogen? (149)

Fünf Beziehungen zwischen der Reaktion und der Verstärkung

31. Erklären Sie bei jeder der folgenden vier Beziehungen zwischen Reaktion und Verstärkung, was geschieht. Geben Sie für jede Beziehung ein eigenes Beispiel an:
a) S^D R S^{R+}
b) S^D R S^{R-}
c) S^D R S^A
d) R S^R

32. Geben Sie ein eigenes Beispiel an für abergläubisches Verhalten und erklären Sie es.

33. Erklären Sie jede der folgenden acht Methoden, um die erste gewünschte Reaktion hervorzurufen. Veranschaulichen Sie Ihre Erklärungen mit einem eigenen Beispiel aus dem Alltag. (153-155)
a) Erhöhung der Motivation
b) Abbau früher erlernter Reaktionen
c) Strukturierung der Umwelt
d) Zwang und Lenkung der Reaktion
e) Darbietung eines Modells
f) Verbale Instruktion
g) Versuch und Irrtum
h) sukzessive Approximation

34. Worin besteht der Unterschied zwischen "negativer Verstärkung" und "Bestrafung"? (156)

35. Gegen welche der auf Seite 156 genannten Prinzipien wird in folgenden Bestrafungssituationen vom Strafenden verstoßen? Wann werden sie beachtet?
a) "Wart' nur, wenn Vati heute abend nach Hause kommt, dann wird es was geben, du Faulpelz".
b) "Du hast ab heute einen Monat Stubenarrest!"
c) Ein Hund zerbeißt Frauchens neue Stiefel. Sie gibt ihm in ihrer ersten Wut einen Klaps und tröstet ihn dann mit Süßigkeiten.
d) Ein vierjähriges Mädchen möchte das Spielzeug haben, mit dem gerade sein fünfjähriger Bruder im Wohnzimmer spielt. Der mag es aber nicht hergeben, darauf kratzt sie ihn. Die Mutter schickt die Kleine ins Kinderzimmer: "Wenn Dir wieder eingefallen ist, daß man auch "bitte" sagen kann, wenn man etwas haben möchte, darfst du wieder herkommen". "Ich will fernsehen!" "Na gut, aber hör' auf, dich zu zanken".

Wann führt Bestrafung zum Gegenteil?

36. Suchen Sie Beispiele in Ihrem Alltag dafür, daß Bestrafung mehr unerwünschtes Verhalten hervorrufen kann, als sie abschwächt. Geben Sie die möglichen Gründe hierfür an.

Verstärkungsprogramme

37. Erklären Sie lernpsychologisch, daß sich immer wieder Menschen beim Glücksspiel ruinieren.

38. Geben Sie je ein eigenes Beispiel für ein:
a) fixiertes Ratenprogramm
b) variables Quotenprogramm
c) fixiertes Intervallprogramm
d) variables Intervallprogramm

Verstärkungsverzögerung: Besser nie als zu spät!

39. Wie kann ein Lehrer in Lernsituationen, in denen eine Verstärkungsverzögerung unvermeidbar ist, dennoch seine Schüler "bei der Stange halten"? (162)

5. Denken, Sprache und Gedächtnis

Denken, Sprechen, Behalten und Erinnern sind für uns lebensnotwendige, wenn auch ganz selbstverständliche Vorgänge. Jeder von uns hat damit eine Fülle eigener Erfahrungen gesammelt. Jetzt werden Sie, vermutlich zum ersten Mal, an wissenschaftliche Untersuchungen dieser Prozesse herangeführt.
In diesem Kapitel, welches Inhalte der Allgemeinen Psychologie behandelt, erleben Sie ganz besonders deutlich die Verknüpfung zwischen Forschung und Praxis. Denn aus den dargestellten Arbeiten läßt sich oft direkt praktischer Nutzen für das eigene Lernen und besseres Behalten ziehen. Versuchen Sie nach der Lektüre dieses Kapitels, die Prinzipien zur Verbesserung der Gedächtnisleistung in diesem Arbeitsheft wiederzufinden. Gehen Sie dazu die Einleitung und die Bemerkungen zu den einzelnen Kapiteln durch. Stellen Sie diese dann mit Ihren eigenen Worten zusammen und übertragen Sie sie auf andere Bereiche Ihres Lernens.

1. Warum unterscheidet man in der Psychologie Untersuchungen von "Lernen" und "Gedächtnis"? (168-169)

Die Werkzeuge des Denkens

Die Bilder in unseren Köpfen

2. Was sind "eidetische Anschauungsbilder"? (169)

3. Helfen eidetische Fähigkeiten bei abstrakten Denkprozessen? Belegen Sie Ihre Ansicht mit empirischen Beobachtungen. (170)

Wörter beim Denkprozeß

4. Diskutieren Sie die Ansicht, daß Sprachmuster einer Kultur die Gedanken und Wahrnehmungen ihrer Mitglieder bestimmen.

Konzepte beim Denkprozeß

5. Was besagen die Kontinuitäts- und die Diskontinuitätstheorie der Konzeptbildung? Wofür sprechen die empirischen Ergebnisse? (174-175)

Das Erlernen einer Sprache

Die Struktur der Sprache

6. Erklären Sie die Ebenen der linguistischen Analyse. (175-176)

7. Welche Bedeutung haben syntaktische und semantische Regeln z.B. für die Erinnerung von Sätzen? Wie würden Sie dies durch einen kleinen Versuch demonstrieren? (177-178)

Erklärungen des Spracherwerbs

8. Welche Voraussetzungen muß ein Kind zum Erlernen der "Muttersprache" erfüllen? (178)

9. Stellen Sie die beiden lerntheoretischen Erklärungsansätze für den Spracherwerb dar. Welche empirisch begründete Kritik daran gibt es? (179-180)

10. Auf welche empirischen Beobachtungen stützt sich der psycholinguistische Ansatz zur Erklärung der Sprachentwicklung? (180-181)

11. Welche Beobachtungen sprechen für die Bedeutung genetischer Faktoren bei der Sprachentwicklung? (180-181)

12. Stellen Sie Vor- und Nachteile zusammen für den Fall, daß ein Kind als Muttersprache einen Dialekt und nicht die Hochsprache lernt.

Erinnern und Vergessen im Labor

Gedächtnisstudien gemäß der verbalen Lerntradition

13. Stellen Sie die drei grundlegenden Methoden dar, die man verwendet, um die Gedächtnisleistung zu messen. (183)

14. Nach welchem Kriterium würden Sie entscheiden, ob Sie Ihre Gedächtnisleistung mit einem Reproduktionsverfahren oder einem Wiedererkennungsverfahren prüfen würden?

15. a) Wie ging Ebbinghaus vor?
b) Was fand er?
c) Sind seine Ergebnisse auch heute noch prinzipiell gültig?
d) Welche Einschränkungen sind zu machen? (184-185)

16. Wie sehen die Versuchsanordnungen zur Untersuchung der proaktiven und der retroaktiven Hemmung aus? (186)

17. Wie sähe Ihr Versuchsplan aus, wenn Sie untersuchen wollten, ob bestimmte Aufgaben einen positiven oder negativen Transfer auf das Lernen anderer Aufgaben haben?

18. Geben Sie eigene Beispiele aus dem Alltag an für die "Produktivität" des Gedächtnisses.

Erklärungen des Gedächtnisses und Vergessens

Hypothesen über das Vergessen

19. Was besagen die folgenden Versuche zur Erklärung des Vergessens und welche empirischen Belege dafür kennen Sie?
a) Spurenzerfall-Theorie
b) Interferenz-Theorie
c) Spurentransformations-Theorie
d) Verdrängungs-Theorie
e) Vergessen als Verlust des Zugangs

Hypothesen über das Erinnern

20. Durch welche Veränderungen an den Neuronen werden Gedächtnisleistungen schlechter bzw. besser? (189)

21. Wodurch unterscheiden sich Kurz- und Langzeitgedächtnis? (190-192)

22. Nennen Sie einige Faktoren, von denen es abhängt, ob ein Signal beachtet wird. (191)

23. Funktioniert das Gedächtnis auch ohne verbale Verschlüsselung? Begründen Sie Ihre Ansicht anhand empirischer Beobachtungen. (191)

24. Wodurch erhöht sich die Wahrscheinlichkeit, daß Informationen in das Langzeit-Gedächtnis aufgenommen werden? (192)

25. Entspricht Ihr eigenes Lernverhalten diesen psychologischen Forschungsergebnissen? In welchen Punkten lernen Sie unter ungünstigeren Bedingungen für das langfristige Behalten?

Abruf von Gedächtnisinhalten durch Kontext-Signale

26. Welche Rolle spielt der Kontext beim Erinnern?

27. Geben Sie ein Beispiel aus Ihrem Leben dafür, daß das Einbetten von Informationen in verschiedene Kontexte das Erinnern fördert. Was bedeutet das z.B. für das Erarbeiten des Lehrbuches der Psychologie von Zimbardo und Ruch?

28. Sagt unser Gefühl des Wissens (oder Nichtwissens) etwas darüber aus, was wir tatsächlich wissen? Belegen Sie Ihre Ansicht anhand empirischer Forschungsergebnisse. (194)

Anwendung von Lernprinzipien zur Verbesserung des Gedächtnisses

Verbesserung des Gedächtnisses

29. Nennen Sie drei grundlegende Methoden, das Behalten erlernten Materials zu fördern. (194-195)

Motivationale und emotionale Faktoren

30. Was versteht man unter dem Zeigarnik-Effekt? (195)

31. Von welchen Faktoren hängt es u.a. ab, ob das Gedächtnis durch Motivation gefördert oder gehemmt wird? (196) Geben Sie dazu Beispiele an aus Ihrer eigenen Erfahrung.

"Chunking" und Gedächtnis

32. Was ist ein "chunk"? (197)

33. Etwa wieviele chunks kann man kurzzeitig behalten? (198)

34. Welchen Nutzen für das Lernen ziehen Sie aus Ihrem Wissen über Chunking?

Mnemonische Strategien

35. Stellen Sie verschiedene mnemonische Strategien dar. (199) Welche davon benutzen Sie selbst?

Der Computer als Tutor

36. Welche Vorteile und Probleme sehen Sie im computergesteuerten Lernen? (200-202)

Der Computer bei Untersuchungen über Denkprozesse

Sind Computer intelligent?

37. Inwiefern sind Computer Hilfsmittel zur Untersuchung menschlichen Denkens?

6. Wahrnehmung

Über unsere Sinne haben wir Kontakt mit der Außenwelt und sind zum Überleben auf sie angewiesen. Die Arbeitsweise unserer Sinne verleitet uns zu der Annahme, diese vermittelten uns ein objektives Bild. Diese Annahme ist jedoch falsch. Die Wahrnehmung ist kein passiver Vorgang, bei dem Sinnesorgane auf Reize reagieren, sondern sie ist immer ein aktiver Prozeß der Verarbeitung von Reizen. Damit ist gemeint, daß Informationen so verwertet werden, daß sie unter den üblichen Bedingungen ein optimales Reagieren des Organismus ermöglichen.
Wenn Sie von dieser Grundidee bei der Lektüre dieses Kapitels ausgehen, so werden Sie feststellen, daß Sie im Verständnis Ihrer Reaktionen einen großen Schritt weitergekommen sind.
Verwenden Sie in diesem Kapitel nicht zuviel Zeit auf nur knapp dargestellte Theorien, denn zu einem umfassenderen Verständnis brauchen Sie unbedingt weitere Informationen. Hier sollen Sie nur einen ersten Eindruck bekommen von der Vielfalt der Erklärungsansätze und der Komplexität der Beziehungen.

Das Problem der Wahrnehmung (oder: Wann ist das, was glänzt, wirklich Gold?)

1. Mit welcher einfachen Demonstration können Sie den phänomenalen Absolutismus eines Menschen erschüttern? (209)

2. Geben Sie alltägliche Beispiele für das Phi-Phänomen. (210)

Wahrnehmung und Trugschluß

3. Nennen Sie einige Leistungen der visuellen Wahrnehmung. (211-212)

Die Zuverlässigkeit der Wahrnehmung

4. Warum sehen Menschen und Autos, wenn man sie von einem Hochhaus betrachtet, so winzig aus?

5. Was lernen wir aus der Untersuchung von optischen Täuschungen? (214)

6. Welche Faktoren arbeiten bei der Wahrnehmung zusammen? (214)

Wahrnehmungstheorien

Die "Spielkasino"-Theorien

7. Erklären Sie in Ihren eigenen Worten den Grundgedanken der Spielkasino-Theorien der Wahrnehmung. (216)

Die Gestalt-Revolution

8. Erklären Sie anhand eines Beispiels die Ansicht der Gestaltpsychologen, daß "das Ganze mehr ist als die Summe seiner Teile." (217)

Die Wahrnehmung als Filter

9. Inwiefern kann man den Prozeß der Wahrnehmung mit einem Filterungsvorgang vergleichen? (218)

Faktoren, die bestimmen, was wir wahrnehmen

Organisationsprozesse innerhalb der Wahrnehmung

10. Welche Bedingungen muß eine wirksame Tarnung erfüllen? (219)

11. Wann ist eine Gestalt "gut"? Geben Sie je ein Beispiel für eine "gute" und eine "schlechte" Gestalt. (219)

12. Welche Faktoren spielen bei der Tiefenwahrnehmung eine Rolle? (219-220)

13. Warum sind bei Föhn die Berge so "nah"?

14. Erklären Sie das Zustandekommen der optischen Täuschung mit den Baumstämmen auf den Eisenbahnschienen in Abbildung 6-3.

15. Können wir mit einem Auge Objekte in ihrer relativen Position zueinander erkennen?

16. Wie identifizieren wir die Richtung, aus der ein Schall kommt? (220)

17. Bei welcher Position einer Schallquelle relativ zu unserem Kopf fällt es uns am schwersten, die Schallquelle genau zu lokalisieren? (222)

Die Veränderung der Wahrnehmung durch das Lernen

18. Geben Sie Beispiele für den Einfluß der Kultur auf die Wahrnehmung. (222)

19. Welchen Einfluß auf die Einschätzung der Größe von Münzen hat die unabhängige Variable "arm vs. reich"? (224)

20. Welche möglichen Erklärungen gibt es für den Befund, daß Kinder in einer Untersuchung vor Weihnachten größere Weihnachtsmänner malten als danach?

Außersinnliche Wahrnehmung

21. Welche Implikationen hätte der einwandfreie Nachweis außersinnlicher Wahrnehmung? (226)

Das Gebiet der Parapsychologie

22. Womit beschäftigt man sich in der Parapsychologie? (226-227)

Typische Versuchsentwürfe

23. Wie sehen typische Experimente in der Parapsychologie aus? (227)

Akzeptable Kriterien

24. Welche methodologischen Probleme sind mit parapsychologischen Untersuchungen verbunden? (228)

Normales Bewußtsein und dessen Veränderung

25. Nennen Sie einige mögliche Ursachen für Bewußtseinsveränderungen. Was ist allen Bewußtseinsveränderungen gemeinsam? (229)

Besondere Eigenschaften der Bewußtseinsveränderung

26. Welche Qualitäten des Bewußtseins können unter dem Einfluß von starkem Streß, religiösen Sitzungen, Meditation oder Drogen auftreten? (231-233)

27. Welche Gefahren bergen Bewußtseinsveränderungen, die als Flucht vor dem Alltag gesucht werden? (234)

Teil III. Innere Determinanten und Persönlichkeit

7. Motivation und Emotion

Motivation und (Nicht-)Motiviertsein sind heute im Schulalltag häufig angesprochene Bereiche menschlichen Verhaltens. Da Motivation nie direkt beobachtbar ist, sondern jeweils aus bestimmten Verhaltensweisen erschlossen wird, nennen wir sie ein hypothetisches Konstrukt. Dies ist zum Verständnis dieses Kapitels von ganz entscheidender Bedeutung; auch die Beschäftigung mit anderen psychologischen Fragestellungen erfordert den Umgang mit hypothetischen Konstrukten.
Selbstverständlich haben Sie auch schon in den vorhergehenden Kapiteln solche hypothetischen Konstrukte kennengelernt. Nach der Lektüre dieses Kapitels sollten Sie in der Arbeitsgruppe der Frage nachgehen, wo vorher schon hypothetische Konstrukte eingeführt worden sind und welche Bedeutung sie für die Erklärung menschlichen Verhaltens haben.
Bei der Lektüre wird auch in besonderem Maße deutlich, wie wichtig die Beschäftigung mit den physiologischen Grundlagen des Verhaltens ist, denn ohne diese Informationen kann man die Ausführungen über Motivation und Emotion nicht immer verstehen.

Der Begriff der Motivation

1. Erklären Sie am Beispiel des Durstes, daß ein solches hypothetisches Konstrukt die Betrachtung von Verhaltensweisen vereinfacht. (242)

2. Wann spricht man in der Psychologie von "Trieb" und wann von "Motiv" und "Bedürfnis"? (242)

3. Wie kann man die Motivation bzw. das Motiviertsein eines Individuums allgemein kennzeichnen? (242) Erläutern Sie das an einem Beispiel.

Motivation als Erklärung für Variabilität

4. Von welcher Grundannahme geht man aus, wenn man Motivation als Erklärung für Variabilität im Verhalten heranzieht? (243)

Motivation als innerer Wegweiser

5. Geben Sie ein Beispiel dafür an, daß Motivation die Richtung des Verhaltens bestimmt.

Freiwilligkeit und Verantwortung

6. Was halten Sie von dem Wunsch von Schülern und Studenten, man solle sie zum Lernen motivieren?

Physiologische Prozesse und motiviertes Verhalten

Die Funktion der Erregung

7. Wie sieht der Zusammenhang zwischen dem Grad der allgemeinen Erregung und der gleichzeitig gezeigten Leistung aus? (246) Erläutern Sie dies an einem Beispiel.

Biologische Antriebssysteme

8. Nennen Sie biologische Antriebe. (246)

Biologische Triebe als homöostatische Mechanismen

9. In welcher Beziehung stehen primäre Bedürfnisse (Triebe) und Homöostase? (247)

10. Warum kann man in der Homöostase mehr sehen als die relative Konstanthaltung des chemischen Körpermilieus? (247)

Manipulation und Messung

11. Wie kann man in Tierexperimenten die Stärke der Motivation messen? (248)

12. Wie erklären Sie den umgekehrt u-förmigen Zusammenhang zwischen Deprivationsdauer und der Größe der "Mühe" zur Beseitigung der Deprivation?

Hunger: Der auffälligste Trieb

Was macht uns "hungrig"?

13. Welche empirischen Ergebnisse sprechen gegen die Ansicht Cannons, daß einzig die Kontraktionen des Magens das Hungergefühl verursachen? (249-250)

14. Welche Zusammenhänge fand man zwischen dem Blutzuckerspiegel und dem Hungergefühl? (250)

15. Welche Forschungsergebnisse lassen es zweifelhaft erscheinen, daß sich im Hypothalamus das Zentrum für Nahrungsaufnahme befindet? (251-252)

Aktivierung oder Sensitivierung

16. Wie muß man die einfache Aktivierungshypothese modifizieren, wonach hungrige Tiere aktiver sind als satte? (252-253)

Äußere Reizkontrolle

17. Entwerfen Sie ein Experiment zur Überprüfung der Frage, ob Tiere eine innere Uhr haben.

Woran merken wir, daß wir "genug" haben?

18. Durch welche Versuchsanordnungen kann man prüfen, ob durch Mund- oder Magen-Rezeptoren oder eine kombinierte Reizung von beiden das Gefühl der Sättigung erzeugt wird? (254)

19. Geben Sie einige Beispiele für diätetische Selbstauswahl. (254,256)

20. Unter welchen Bedingungen kann man sich nicht auf eine funktionierende diätetische Selbstauswahl verlassen? (256)

Wie steht es mit dem Bremsen?

21. Nennen Sie Unterschiede im Eßverhalten zwischen normal- und übergewichtigen Personen. (255)

22. Wie kann man diese Unterschiede experimentell überprüfen? (255)

Wenn die Nahrung knapp wird

23. a) Was versteht man unter "Unterernährungsneurose"?
b) Wie hat man sie untersucht? (256-257)

24. Schildern Sie die Symptome einer "diätetischen Depression". (258)

25. Wozu können psychologische Untersuchungen menschlichen Verhaltens unter Nahrungsreduzierung bzw. -entzug dienen?

Der Sexualtrieb

26. Worin unterscheidet sich die Sexualität von anderen primären Bedürfnissen? (258)

Ist Mutterliebe notwendig?

27. Diskutieren Sie die Ansicht, es gebe beim Menschen so etwas wie einen "Mutterinstinkt". Wenn Sie dabei die Implikationen des Instinktkonzepts bedenken, wofür sprechen dann die Ergebnisse empirischer Forschungen? (260-261)

Mutter Natur setzt sich durch

28. In welchen Hinsichten ist der Kontakt mit einer nicht künstlichen Affenmutter für ein Affenbaby wichtig? (260-262)

29. Welche Schlüsse ziehen Sie aus den Untersuchungen an "mutter-deprivierten" Affen für die Frage, wie weit sexuelles Verhalten angeboren ist oder von Umweltbedingungen geformt wird? (262)

Woran merken Sie, ob Sie ♂ oder ♀ sind?

30. a) Welche Kriterien zur Bestimmung der Geschlechtszugehörigkeit gibt es? (265)
b) Stimmen diese bei jedem Individuum überein? (265)

Sexuelle Erregung bei Mann und Frau

31. Welche Probleme sehen Sie bei der wissenschaftlichen Erforschung menschlichen Sexualverhaltens? (267-268)

Das Wesen psychologischer und sozialer Motivation

32. Woran liegt es Ihrer Ansicht nach, wieviele Motive postuliert werden und wie man sie einteilt?

Erlernte Furcht und Angst

33. Geben Sie ein eigenes Beispiel für erlernte Furcht. Erläutern Sie dabei den Konditionierungsvorgang. Wie kann man solches Verhalten löschen?

Die Handhabung sozial-psychologischer Verstärker

34. Heute werden zur Bewertung verschiedener Unterrichts- oder Schulformen oft psychologische Begleituntersuchungen gemacht. Wo können dabei Hawthorne-Effekte auftreten? Wie kann man sie verhindern?

Neugier: Das Explorations- und Wissensbedürfnis

35. Belegen Sie anhand von empirischen Untersuchungsergebnissen die Ansicht, daß die Neugier als ein starkes Motiv angesehen werden kann. (274)

Emotion

Der Begriff der Emotion

36. Welche Datenquellen kann man zur Beschreibung einer Emotion heranziehen? (276)

Wie nehmen wir Emotionen bei anderen wahr?

37. Aus welchen Klassen nichtverbalen menschlichen Verhaltens schließen wir auf Emotionen? (277) Veranschaulichen Sie das am Beispiel der Niedergeschlagenheit.

38. Von Geburt an blinde Kinder zeigen bei Emotionen den gleichen Gesichtsausdruck wie sehende. Kann man daraus schließen, emotionale Ausdrucksformen seien angeboren? (277)

39. Woraus resultiert unsere Sicherheit beim Erkennen von Emotionen anderer Menschen? (278,280)

Wie nehmen wir Gefühle bei uns selbst wahr?

40. a) Was besagt die James-Lange-Theorie der Emotion? (280)
b) Wodurch wurde sie widerlegt? (281)

41. Wie sind Hormone an Emotionen beteiligt? (281-282)

42. Schildern Sie die Untersuchung von Schachter & Singer (Hypothese, Vorgehen, Ergebnisse). Welche Probleme ergeben sich bei der Bewertung der Gültigkeit ihrer Befunde? (283-285)

43. Worin unterscheiden sich die theoretischen Auffassungen von Schachter und Lazarus? (286)

44. Wozu kann eine intellektualisierende Form der Beschreibung eines starke Emotionen auslösenden Vorgangs dienen? (287) Geben Sie dazu ein eigenes Beispiel.

Destruktive Emotionen und physische Krankheiten

45. Führt andauernder Streß auf jeden Fall zu psychosomatischen Störungen? (289)

Streß-Bewältigung

46. a) Was versteht man unter dem "allgemeinen Adaptationssyndrom"?
b) Schildern Sie seine Phaseneinteilung. (290-291)

Kognitive Bewältigungsstrategien

47. Eine Prüfung, die sich über mehrere Termine erstreckt, ist für die meisten Menschen stressend, was kann man tun, um die Streßwirkung zu reduzieren?

8. Theorie und Beurteilung der Persönlichkeit

Die Persönlichkeitsforschung ist durch eine Vielzahl von oft sehr unterschiedlichen Richtungen gekennzeichnet, die sich mit dem hypothetischen Konstrukt "Persönlichkeit" beschäftigen. Es gibt eine Fülle mehr oder weniger präziser Definitionen von Persönlichkeit. Bei der Erarbeitung von Persönlichkeitstheorien wird besonders deutlich, wie eng die theoretische Arbeit mit dem empirischen Vorgehen verknüpft ist. D.h., man kann eine Persönlichkeitstheorie erst dann verstehen, wenn man ihre zentralen Annahmen und Hypothesen sowie die Methoden zu deren Überprüfung kennt und beurteilen kann. Voraussetzungen hierfür sind ein gründliches Studium der bisher dargestellten Bereiche der Psychologie, Kenntnisse der Sozialpsychologie und vor allem eine gute Kenntnis der psychologischen Methodenlehre.
Da dies in einem einführenden Lehrbuch nicht alles geleistet werden kann, sollten Sie sich in diesem Kapitel anregen lassen, auf dem Gebiet der Persönlichkeitsforschung später intensiver zu arbeiten, wenn es interessant und notwendig ist. Dazu lassen Sie sich von einem Experten geeignete weiterführende Literatur angeben. Gehen Sie deshalb hier *nur* von den Aufforderungen und Fragen im Arbeitsheft aus.

1. Worin unterscheiden sich der im Alltag verwendete Begriff "Persönlichkeit" und der gleichlautende psychologische Terminus? (295)

Einzigartigkeit und Konsistenz: Schlüsselprobleme der Persönlichkeitstheorie

Unter der Lupe: "Im großen und ganzen scheinen mir die Menschen ziemlich beständig zu sein".

2. Erläutern Sie die möglichen Gründe für unseren Eindruck, daß Menschen sich sehr konsistent verhalten. (298-299) Geben Sie jeweils ein eigenes Beispiel dazu an.

Verschiedene Vorstellungen zum Begriff Persönlichkeit

Freud und seine Nachfolger: Konsistenz als das Ergebnis einer Auseinandersetzung

3. Warum ist die Beurteilung der Ansichten Freuds zur Persönlichkeitsentwicklung so unterschiedlich? (304)

4. Welche Beiträge Freuds zur Persönlichkeitsforschung werden heute allgemein als wertvoll anerkannt? (304-305)

Die organismischen Feldtheoretiker: Konsistenz als die "Verwirklichung" des Selbst

5. Wie sieht Goldstein die Beziehungen zwischen den Teileinheiten des Organismus? (308) Was bedeutet das für den Alltag?

6. Nehmen Sie Stellung zu der wissenschaftlichen Brauchbarkeit der Liste von Charakteristika der Selbstverwirklichung von Maslow auf den Seiten 310-311.

Die Faktorentheoretiker: Konsistenz aus einem Satz von Charaktereigenschaften

7. Von welchen Grundannahmen gehen faktorenanalytisch arbeitende Persönlichkeitsforscher aus?

8. Welche Kritik wird an den Merkmalstheorien geübt? (315)

Die Lerntheoretiker: Konsistenz auf Grund erlernter Verhaltensmuster

9. Wie sieht ein Vertreter der sozialen Lerntheorie den Menschen? (317)

10. Stellen Sie die vier grundlegenden beim Modellernen verbundenen Prozesse dar. (318-319)

Einige Persönlichkeitsvariablen und Typen

Verhaltenskontrolle von innen oder von außen? (Internalität vs. Externalität)

11. Worin unterscheiden sich Personen, die den Ort der Kontrolle über Verstärkung in ihrem Verhalten sehen, von solchen, die ihn außerhalb von sich selbst sehen? (320-321)

12. Geben Sie ein Beispiel dafür, daß die Orientierung hinsichtlich internem vs. externem Ort der Kontrolle über Verstärkung zu einer sich selbst erfüllenden Prophezeiung werden kann. (321-322) Was kann das z.B. für die Leistungsmotivation bei schlechten Berufsaussichten bedeuten?

Die Machiavellisten gewinnen (fast) immer

13. Welche Verhaltensweisen sind charakteristisch für Personen mit hohen Machiavellismuswerten? (323)

14. Wo sehen Sie Schwierigkeiten in der Konzeption des hypothetischen Konstrukts "Machiavellismus"?

Die schweigende Welt des schüchternen Studenten

15. Wie kann man Schüchternheit definieren? (323-324)

16. Worin unterscheiden sich Personen, die sich für schüchtern halten, von solchen, die sich als nicht-schüchtern bezeichnen? (325)

17. Wie kann man Schüchternen helfen, ihre Hemmungen zu überwinden? (326)

Persönlichkeitsbeurteilung

Warum testen?

18. Nennen Sie die Ziele der psychologischen Testentwicklung. (326)

19. Wann kann die Teilnahme an einem psychologischen Test dem Untersuchten zum Nachteil gereichen? Was kann man dagegen tun?

Instrumente für die Persönlichkeitsmessung

20. Was versteht man unter "Validität" und "Reliabilität"? (327)

21. In welcher Beziehung stehen Reliabilität und Validität eines Tests? (327)

22. Wozu dienen Normen eines Tests? (327)

Intelligenz und Intelligenztests

23. Worin liegt der Wert von Intelligenztests? (332)

24. Wie kommt es, daß Intelligenztests "veralten" können? (334)

Teil IV. Das Potential des Individuums und der Gruppe: Möglichkeiten und Gefahren

9. Abweichungen, Pathologie und Irresein

Psychopathologische Phänomene gehören für die meisten zum Faszinierendsten am menschlichen Verhalten. Wer vermutet, daß in diesem Bereich deshalb besonders erfolgreiche Forschungen vorliegen, täuscht sich jedoch: Erklärung und Behandlung von Verhaltensstörungen sind noch immer nicht zufriedenstellend.
Wenn es auch in der medizinischen und psychologischen Grundlagenforschung erfolgreiche Ansätze gibt, die diesen Mangel beheben könnten, so fehlt doch bis heute eine Integration der verschiedenen Bemühungen. Sowohl bei der Erklärung der Entstehung von Verhaltensstörungen als auch bei den Schlußfolgerungen bezüglich einer Therapie gehen die Ansichten weit auseinander. Man ist sich noch nicht einmal über die Einteilung der Störungen einig. Auch die im Lehrbuch vorgenommene Einteilung ist nur eine von mehreren möglichen sinnvollen, wenn auch die am häufigsten verwendete.
Da das gesicherte Wissen über die Entstehung von Verhaltensstörungen gering ist, die Anzahl der offenen Probleme jedoch sehr groß, sollten Sie sich bei der Lektüre dieses Kapitels insbesondere der kritischen Reflexion widmen. Bedenken Sie dabei vor allem: Die Bezeichnung für eine Verhaltensstörung erklärt noch nichts!

Krank! Krank. Krank?

1. Welche Probleme sehen Sie in der Feststellung von Geistesgestörtheit nach den Kriterien auf S. 346?

Das medizinische Modell: Warum es manche über haben

2. Was impliziert das medizinische Modell, wenn es auf Verhaltensprobleme angewendet wird? (348)

3. Welche Kritik wird an der Anwendung des medizinischen Modells auf Verhaltensstörungen geübt? (348)

Ist irgendein Verhalten wirklich abnormal?

4. Unter "normal" kann man das verstehen, (1) was die meisten tun (statistische Norm), (2) was einer idealen Vorstellung, z.B. Gesundheit, entspricht (Idealnorm) und (3) was eine soziale Norm an Verhalten fordert.

a) Ordnen Sie die folgenden Beispiele richtig zu: (1) Man soll nach jeder Mahlzeit die Zähne putzen. (2) die meisten Leute haben Karies. (3) Ihr Gebiß hat keine Karies.
b) Finden Sie für jede der drei Bedeutungen von "normal" ein eigenes Beispiel.

Verlust der Fähigkeit zur Selbstregulation

Abhängigkeit und Sucht

5. Wie kann man "Sucht" definieren? (354)

6. Welche Faktoren spielen bei der Entwicklung süchtigen Verhaltens eine Rolle? (354)

Alkoholabhängigkeit

7. Welche Grade der Intensität von Alkoholismus kann man unterscheiden? (355)

8. Ist Prohibition ein wirksames Mittel gegen Alkoholismus? Belegen Sie Ihre Ansicht anhand empirischer Forschungsergebnisse. (356)

9. Wie versuchen die "Anonymen Alkoholiker" einem Trinker zu helfen? (356)

Zigarettenabhängigkeit

10. Welche Rolle spielen Vorstellungen bei der Entwicklung einer Zigarettenabhängigkeit? (357)

Drogensucht

11. Welche Motivationen spielen beim ersten Drogengebrauch eine Rolle? (360)

Verlust der Freude am Leben: Neurose

12. Wie sieht man in der Psychologie den Unterschied zwischen normalem und gestörtem (neurotischem) Verhalten? (364)

Phobien

13. Was versteht man unter einer phobischen Reaktion? (365)

Zwangsneurose

14. Geben Sie eigene Beispiele an für zwanghafte alltägliche Gedanken oder Handlungen, die jeder schon einmal erlebt haben kann.

Hysterie

15. Woran kann man hysterische Reaktionen erkennen? (368)

16. Was versteht man unter "multipler Persönlichkeit"? (369)

Realitätsverlust: Psychose

17. Kann psychotisches Verhalten auch körperliche Ursachen haben? (374)

Paranoide Reaktionen

18. Was ist ein Wahn? (375)

19. Geben Sie Beispiele für einen Größen-, Beziehungs- und Verfolgungswahn. (375)

Affektive Psychosen

20. Worin zeigt sich der Verlust des Kontaktes mit der Realität in der Manie und in der Depression? (376)

21. Worin liegen Ihrer Ansicht nach Probleme bei der Einschätzung, welche Form depressiven Verhaltens vorliegt?

Schizophrenie

22. Nennen Sie einige der in der Schizophrenieforschung ungelösten Probleme. (379)

10. Die therapeutische Modifikation des Verhaltens

Jeder Anfänger im Fach Psychologie zeigt starkes Interesse an der therapeutischen Modifikation des Verhaltens. Dabei hat er meistens schon Informationen über die sogenannte Psychoanalyse und gruppendynamische Versuche. Die wissenschaftlichen Grundlagen zu diesen Ansätzen sind in der Psychologie ebenso komplex wie umstritten.
Die aus der experimentellen Lernforschung abgeleiteten therapeutischen Vorgehensweisen, die unter dem Begriff "Verhaltenstherapie" zusammengefaßt werden, sind hingegen in ihrer Wirkung überprüfbar und genügen somit erst dem Kriterium der Objektivität.
Da in den vorangegangenen Kapiteln die Lernpsychologie relativ ausführlich dargestellt, die Grundlagen für die anderen therapeutischen Verfahren jedoch nur gestreift wurden, sollen nur Fragen und Aufforderungen zu den behavioristisch orientierten Therapien, d.h. der Verhaltenstherapie, bearbeitet werden.

1. Wer bestimmt, was ein behandlungsbedürftiges Verhalten ist? Gehen Sie bei Ihrer Antwort auf die Rolle der Gesellschaft, des eventuell zu Behandelnden und des Therapeuten ein.

2. Worin unterscheiden sich die Ausbildungsgänge zum Psychiater, klinischen Psychologen und Psychoanalytiker? (390)

3. Von welcher Auffassung gehen somatische Therapien von Verhaltensstörungen aus? Welche Methoden verwenden sie? (392)

4. Welche Schwierigkeiten sehen Sie in der somatischen Therapie von Verhaltensstörungen? (393)

Behavioristisch orientierte Therapien

5. Von welchen Annahmen gehen die behavioristischen Therapieansätze aus? (398)

6. Was soll in einer behavioristischen Therapie bei einem Klienten geändert werden? (399)

Löschung

7. In welchen Situationen ist es sinnvoll, Verhalten zu "löschen"? (399)

8. Geben Sie ein Beispiel dafür, daß man nicht auf alles unerwünschte Verhalten mit der Unterlassung einer Verstärkung reagieren kann.

Desensibilisierung

9. Welche zentrale Erkenntnis macht man sich bei der Desensibilisierung zunutze? (399)

10. Wie geht man bei der Desensibilisierung vor? (399-400)

11. Bei welchen Verhaltensstörungen hat man Desensibilisierung erfolgreich eingesetzt? (400)

12. Worin bestehen nach Eysenck und Rachman die wesentlichen Unterschiede zwischen Psychotherapie und Verhaltenstherapie? (401)

Reizüberflutung

13. Bei welchen Verstärkungsbedingungen ist Reizüberflutung ein erfolgversprechendes Vorgehen?

14. Wie geht man bei Reizüberflutung vor? (401)

Aversionstherapie

15. Bei welchen Verhaltensstörungen wird Aversionstherapie verwendet? (402)

16. Auf welche Lernprinzipien ist die Aversionstherapie gegründet? (402)

17. Welche Probleme ergeben sich bei der Aversionstherapie? (402-403)

Positive Verstärkung

18. Geben Sie Beispiele an für den erfolgreichen Einsatz positiver Verstärkung. (403)

19. Wo verwenden Sie bei sich selbst positive Verstärkung?

20. Wie verstärken Sie die Personen in Ihrer Umgebung?

Modellernen

21. Wann ist Modellernen im Alltag zu beobachten?

22. Bei welchen Verhaltensstörungen kann Modellernen eingesetzt werden? (404-405)

Münzökonomie

23. Stellen Sie das Vorgehen bei der "Münzökonomie" dar. (405)

24. Welche Vorteile hat die Münzökonomie in der Erziehung? (407)

25. Welche Probleme sehen Kritiker mit der Münzökonomie verbunden? (407) Wie stehen Sie dazu?

Bewertung der Verhaltenstherapie

26. Warum stellt die Ansicht, die wirksame unabhängige Variable sei manchmal bei verhaltenstherapeutischen Verfahren nicht klar zu erkennen, eine wichtige Kritik an diesem Ansatz dar?

27. Inwiefern ist unerwünschtes indirektes Lernen eine mögliche Schwachstelle beim verhaltenstherapeutischen Vorgehen? (408)

28. Durch welche Maßnahmen kann man die Wahrscheinlichkeit steigern, daß das in therapeutischen Situationen gezeigte Verhalten auf natürliche Situationen übertragen wird? (408)

11. Die sozialen Grundlagen des Verhaltens

Die Sozialpsychologie hat als Fach eine besondere Stellung innerhalb der Psychologie. Hier werden die Informationen aus anderen Bereichen psychologischer Forschung oft anders akzentuiert. Diese Ergebnisse verweisen darauf, daß Wahrnehmung, Lernen, Denken usw. sehr deutlich von sozialen Faktoren beeinflußt werden.
Für das Verständnis menschlichen Verhaltens sind sozialpsychologische Forschungen unerläßlich, viele alltägliche Verhaltensweisen werden dadurch erst verständlich. In diesem Kapitel können Sie sehr deutlich die Beziehungen zwischen Theorie, Empirie und Praxis verfolgen.
Wenn Sie mit Ihrer Gruppe bis hierher gekommen sind, haben Sie schon eine Reihe von gemeinsamen Erfahrungen gemacht, die zeigten, daß eine Gruppe nie nur sachlich ausgerichtet sein kann. Besprechen Sie die dargestellten Informationen auch einmal unter diesem Aspekt. So können Sie sich z.B. fragen, wann und unter welchen Bedingungen Sie Schwierigkeiten miteinander hatten. Was mußten Sie ändern, um wieder gut zusammenarbeiten zu können?

Der sozialpsychologische Ansatz

1. Womit beschäftigt sich die Sozialpsychologie? (431-432)

2. Charakterisieren Sie die Stellung der Sozialpsychologie innerhalb der Psychologie und ihre Beziehungen zur Soziologie und Anthropologie. (432)

Attribution: Die Zuordnung von Eigenschaften und Ursachen

3. Was versteht man in der Sozialpsychologie unter "Attribution"? (432) Geben Sie ein eigenes Beispiel dazu an.

Die Personwahrnehmung

4. Welche Wirkungen haben Stereotype? (433)

5. Was versteht man unter dem Halo- oder Hof-Effekt? (433)

6. Stellen Sie an eigenen Beispielen verschiedene Beurteilungsfehler dar. (433-434)

7. Stellen Sie Situationen dar, in denen die Tendenz, Personen konsistenter zu sehen, als sie sich verhalten, wirksam ist.

8. Welche Bedeutung hat die Tendenz, konsistent wahrzunehmen, für Entscheidungen z.B. in der Schule, bei Gericht oder in einer Partnerschaft?

Die Wahrnehmung von Ursachen

9. Geben Sie eigene Beispiele für dispositionale und situationsspezifische Attributionen.

10. Welche drei grundlegenden wissenschaftlichen Erklärungsansätze zur Erklärung der Variabilität menschlichen Verhaltens gibt es? (435)

11. Von welchen Annahmen geht die Attributionstheorie aus? (436)

12. Was kann geschehen, wenn man für eine intrinsisch motivierte Aktivität von außen belohnt wird und anschließend diese Belohnung nicht weiter erfolgt? Schildern Sie ein Beispiel dazu. (437).

Persönliche und soziale Motive

Das Bedürfnis nach Leistung

13. Welche Variablen werden als grundlegend für die Stärke der Leistungsmotivation angesehen? (439)

14. Warum ist eine Unterscheidung zwischen Personen mit Hoffnung auf Erfolg und Furcht vor Mißerfolg sinnvoll? (439)

15. Welche Bedeutung kommt dem Gefühl zu, für Erfolg oder Mißerfolg selbst verantwortlich zu sein? (439, 441)

Reaktanz: Das Bedürfnis nach Handlungsfreiheit

16. Von welcher Annahme geht die Reaktanz-Theorie Brehms aus? (441)

17. Welche praktischen Schlußfolgerungen ergeben sich für den Alltag aus der Reaktanztheorie?

Bedürfnis nach sozialem Vergleich

18. Was lernt man durch soziale Vergleiche? (442)

Bedürfnis nach sozialer Anerkennung

19. Soziale Anerkennung hat mindestens fünf unterscheidbare Konsequenzen. (443) Wäre es nicht sinnvoller, diese Konsequenzen als eigene Motive zu konzipieren?

Altruismus: Das Bedürfnis, anderen zu helfen

20. Welche Bedingungen fördern altruistisches Verhalten? Belegen Sie Ihre Ansicht anhand der Ergebnisse von empirischen Untersuchungen. (445)

Bedürfnis nach Konsistenz

21. Wann entsteht kognitive Dissonanz? (446)

22. Wovon ist das Ausmaß der kognitiven Dissonanz abhängig? (446)

23. Welche Möglichkeiten gibt es, kognitive Dissonanz zu reduzieren? (446)

Interpersonelle Attraktion

Welche Menschen mögen wir?

24. Nennen Sie einige Bedingungen, die die Attraktivität von Menschen füreinander erhöhen. (447)

25. Welche Bedeutung hat körperliche Schönheit für die Bevorzugung oder Ablehnung von Menschen? (448)

26. In welchen Grenzen sind kompetente Menschen attraktiver? (448)

27. Warum sind einander ähnliche Personen in der Regel attraktiv für einander? (448)

Warum mögen wir bestimmte Leute?

28. Stellen Sie in Ihren Worten die austauschtheoretische Erklärung für Freundschaft und Liebe dar. (449)

29. Erklären Sie die Gewinn-Verlust Theorie der interpersonalen Attraktion. (449-450)

Sozialer Einfluß als "personale Macht"

Die vielen Gesichter der Überredung

30. Worin sehen Sie den Unterschied zwischen Erziehung und Propaganda? (455)

31. Was versteht man unter "Gehirnwäsche"? (455)

Wie werden Einstellungen erworben - und verändert?

32. Was versteht man unter "Einstellung"? (455-456)

33. Welche Gruppen von Faktoren kann man an der Kommunikation unterscheiden? (457)

34. Wann bewirkt eine Verhaltensänderung auch eine entsprechende Einstellungsänderung? (458)

35. In welchen alltäglichen Situationen geht einer Einstellungsänderung eine Verhaltensänderung voraus?

Gruppendynamik

Die gruppendynamische Bewegung

36. Stellen Sie an einem eigenen Beispiel die Bedeutung der folgenden vier Quellen des Gruppeneinflusses dar (460):
a) Persönliche Anteilnahme
b) Öffentliche Verpflichtung
c) Soziale Unterstützung
d) Soziale Normen

Die Macht sozialer Normen im Labor

37. Stellen Sie die Bedeutung sozialen Einflusses auf unsere Wahrnehmung anhand der Untersuchungen von Sherif (autokinetischer Effekt) und Asch dar. (461-462)

38. Wie kann eine Minderheit die Wahrnehmung der Mehrheit beeinflussen? (463)

Die Macht sozialer Normen in realen Situationen

39. Welchen Einfluß kann eine Schule bzw. Hochschule auf die Einstellungen von Schülern bzw. Studenten haben? Belegen Sie Ihre Ansicht anhand empirischer Forschungsergebnisse. (464)

40. Was halten Sie von internationalen Begegnungen, deren Initiatoren davon ausgehen, daß Kontakt mit Angehörigen anderer Völker positive Einstellungen und freundschaftliches Verhalten der Völker zueinander fördert? Gehen Sie bei Ihrer Antwort von der auf den Seiten 464-465 dargestellten Untersuchung von Sherif und Sherif aus.

Die Macht des Führers

41. a) Welche Faktorengruppen bzw. deren Wechselwirkung begründen eine effektive Führung? (467)
b) Stellen Sie die Faktorengruppen näher dar. (466-467)

42. Stellen Sie die Untersuchung von Lewin, Lippitt und White über die Wirkung von Führungsstilen dar. (467-468)

43. Womit muß man rechnen, wenn man eine bisher autokratisch geführte Gruppe oder Klasse übernimmt und demokratisch führen will?

44. Welche Variablen, die z.B. an einer Schule eine Rolle spielen, wurden im Experiment von Lewin et al. nicht variiert? Was bedeutet das für die Generalisierbarkeit der Ergebnisse z.B. auf Schulen?

12. Die Pervertierung des menschlichen Potentials

Als Thema dieses Kapitels kann die Anwendung psychologischen Wissens auf soziale Probleme angesehen werden. An Beispielen wird eine psychologische Betrachtungsweise demonstriert und die enge Verknüpfung von Grundlagenforschung mit praktischen Problemen aufgewiesen.
Natürlich kann im Rahmen eines einführenden Lehrbuchs keine umfangreiche Darstellung und Diskussion aller Gesichtspunkte erfolgen, dennoch wird die Komplexität der Bedingungen menschlichen Verhaltens erhellt und an einigen Stellen werden Anstöße zur eigenen Weiterarbeit gegeben. Z.B. können Sie am Ende dieses Buches das Thema "Sexismus" über die Ausführungen im Lehrbuch hinaus bearbeiten, indem Sie in der Arbeitsgruppe alle diesbezüglichen Informationen aus den vorhergehenden Kapiteln zusammentragen und zusätzlich Informationen aus den Massenmedien kritisch bewerten, wie Sie dies aufgrund der Lektüre des Lehrbuches nun beherrschen. Sie sehen hierbei, wie weit das selbständige Arbeiten Fortschritte gemacht hat.
Dieses Kapitel können Sie als Aufforderung ansehen, Ihr Wissen über menschliches Verhalten weiter zu vertiefen. Es warten noch viele Probleme auf *Ihre* Lösung!

Aggression und Gewalt

Aggression als angeborene Verhaltensweise

1. Welche Probleme sind mit Freuds Konzeption des Thanatos verbunden? (475)

2. Diskutieren Sie die Ansicht von Lorenz, Aggression sei angeboren. (475)

3. In welchem Zusammenhang stehen physiologische bzw. biologische Vorgänge und aggressives Verhalten? (476-477)

4. Ist es sinnvoll, von "dem" aggressiven Verhalten zu sprechen? Begründen Sie Ihre Ansicht. (477)

Aggression als erworbener Trieb

5. Was besagt die Frustrations-Aggressions-Hypothese? (477)

6. Wovon hängt die Stärke einer Frustration ab? (477)

7. Finden Sie drei eigene Beispiele aus verschiedenen Bereichen alltäglichen Verhaltens, die belegen, daß nach Frustration nicht Aggression folgen muß.

8. Inwiefern kann man aggressives Verhalten gegenüber Minoritäten durch die Aussage erklären, Minoritäten stellten externale Auslöser dar? (478)

9. Finden Sie alternative Erklärungen für aggressives Verhalten gegenüber Minoritäten, ohne dabei auf die sog. Aggressionsverschiebung zurückzugreifen.

Aggression als sozial erlernte Verhaltensweise

10. Wann kann nach der sozialen Lerntheorie aggressives Verhalten gezeigt werden? (479)

11. Wie können Kinder aggressive Verhaltensweisen lernen? (480)

12. Wie erklären Sie es, daß in Gegenwart der Eltern ausgesprochen wohlerzogene Kinder in Gesellschaft mit Jüngeren und Schwächeren besonders aggressiv sein können? (480)

13. Nehmen Sie begründet Stellung zu der Ansicht, man müsse seine "Aggressionen herauslassen", wenn man sich wohlfühlen wolle. (481-482)

14. In welcher Weise kann durch Massenmedien aggressives Verhalten bzw. Gleichgültigkeit gegenüber Aggression gegen andere gefördert werden? (482-483)

Gewalttätige Interaktionen

15. Unter welchen Bedingungen kommt es eher zu Kindesmißhandlungen? (483-484)

16. Geben Sie ein Beispiel dafür, daß die Attribution einer aggressiven Absicht den Attribuierenden veranlaßt, selbst aggressiv zu reagieren. (484-485)

Vorurteil und Rassismus

17. Was versteht man in der Psychologie unter "Vorurteil"? (487)

18. Erklären Sie an einem Beispiel, daß Vorurteile wie sich selbst erfüllende Prophezeiungen wirken können. (487-488)

19. Heben Sie "Vorurteil" und "Rassismus" gegeneinander ab. (490)

20. Wie können Vorurteile und Rassismus geändert werden? (492-493)

Pathologie in Stadtzentren

Hilfe! Wer wird mir helfen?

21. Unter welchen Bedingungen helfen Menschen in einem Notfall am ehesten? (497-498)

Übervölkerung

22. Kann man die Wirkungen von Übervölkerung auf Mäuse übertragen auf menschliche Lebensbedingungen? (499) Begründen Sie Ihre Ansicht.

Anonymität und Abbau der Individualität

23. Wie ist der Zusammenhang zwischen Anonymität und aggressivem Verhalten nach den vorliegenden Ergebnissen von Experimenten? (500-501)

24. Welche Wirkungen können Namensschilder an den Uniformen von Polizisten haben?

Vandalismus: Sinnlose Gewalt?

25. Welche Folgen sind damit verbunden, wenn Verhaltensweisen als "vandalistisch" bezeichnet werden? (503)

26. Warum ist die Etikettierung von Verhaltensweisen als "Vandalismus" wenig aufschlußreich? Was würden Sie statt dieser Bezeichnung vorschlagen?

Entmenschlichung menschlicher Beziehungen

Die Funktionen der Entmenschlichung

27. Geben Sie Beispiele an für
a) Gesellschaftlich auferlegte Entmenschlichung (508-509)
b) Entmenschlichung zum Selbstschutz (509-510)
c) Entmenschlichung zum eigenen Vergnügen (510)
d) Entmenschlichung als Mittel zum Zweck (510-512).

Die Techniken der Entmenschlichung

28. Geben Sie je ein eigenes Beispiel an für folgende Techniken der Entmenschlichung: (1) Umbenennung, (2) Intellektualisierung, (3) Aufgliederung in Teilbereiche, (4) Zurückziehen, (5) Verteilung der Verantwortung, (6) soziale Unterstützung und (7) Humor.

P. G. Zimbardo

Lehrbuch der Psychologie

Eine Einführung für Studenten der Psychologie, Medizin und Pädagogik

Unter beratender Mitarbeit von F. L. Ruch

Bearbeitet und herausgegeben von W. F. Angermeier, J. C. Brengelmann, T. J. Thiekötter

Übersetzt aus dem Englischen von E. Hachmann, M. Langlotz, G. Niebel, G. Wurm-Bruckert, M. Kolb

3., neubearbeitete Auflage. 1978. 227 zum Teil farbige Abbildungen, 22 Tabellen. XIV, 580 Seiten
DM 48,–; approx. US $ 26.90
ISBN 3-540-08719-2

Inhaltsübersicht: Die wissenschaftlichen und menschlichen Grundlagen: Die Psychologie als wissenschaftliches System. Die physiologischen Grundlagen des Verhaltens. Entwicklungsprozesse. – Aus Erfahrung lernen: Lernen, Denken, Sprache und Gedächtnis. Wahrnehmung. – Innere Determinanten und Persönlichkeit: Motivation und Emotion. Theorie und Beurteilung der Persönlichkeit. – Das Potential des Individuums und der Gruppe: Möglichkeiten und Gefahren: Abweichungen, Pathologie und Irresein. Die therapeutische Modifikation des Verhaltens. Die sozialen Grundlagen des Verhaltens. Die Pervertierung des menschlichen Potentials. – Nachwort: Ein Zukunftstraum. – Quellenangaben. – Literaturverzeichnis. – Sachverzeichnis.

Die 3. Auflage des *Lehrbuchs der Psychologie* von Zimbardo/Ruch (ehemals Ruch/Zimbardo) trägt der Entwicklung in der modernen Psychologie Rechnung durch die Überarbeitung der Hälfte aller Kapitel und die Hinzunahme eines neuen Kapitels: Die Darstellung des *operanten Lernens* ist der allgemein gebräuchlichen Nomenklatur angepaßt wurden. Die Kapitel *Wahrnehmung* und *Motivation und Emotion* sind ebenfalls völlig neu gestaltet worden. Zunehmende Gewalttätigkeit fürhte zur Gestaltung des neuen Kapitels *Die Pervertierung des menschlichen Potentials.*
Sinngerechte Anwendung wichtigster Erkenntnisse der modernen Psychologie geschieht in einem Sonderkapitel am Ende des Buches: *Nachwort:* Ein Zukunftstraum.

Springer-Verlag
Berlin
Heidelberg
New York

GPSR Compliance

The European Union's (EU) General Product Safety Regulation (GPSR) is a set of rules that requires consumer products to be safe and our obligations to ensure this.

If you have any concerns about our products, you can contact us on ProductSafety@springernature.com

In case Publisher is established outside the EU, the EU authorized representative is:

Springer Nature Customer Service Center GmbH
Europaplatz 3
69115 Heidelberg, Germany

Batch number: 10844623

Printed by Printforce, the Netherlands